파랑주의보

심지시선 023

파랑주의보

2014년 4월 11일 2판 1쇄 발행

지은이 임동주
펴낸이 윤영진
편 집 함순례
디자인 함광일 이경훈
홍 보 한천규
펴낸곳 도서출판 심지
등록 제 2005-5호
주소 300 - 812 대전광역시 동구 대전로 867번길 46 (삼성동)
전화 042 635 9942
팩스 042 635 9941
전자우편 simji42@hanmail.net

ISBN 978-89-6627-063-7 03810

파랑주의보

임동주 시집

ㅁ 시인의 말

꽃 진 자리에 잎이 피고
잎 진 자리에 바람이 앉는다
나는 저 무한한 윤회의 우주를
담담히 건너다본다

나는 한때 돌이었으며 물이었으며
또한 그대였다

그러니까 나는 그때 詩였다

내가 나를 기록하는 일은
눈부시거나 눈물겹지만
오늘은 다문 입술로 그대를 불러
남루한 마음을 건넨다

다만, 간절하다

봄 이슥한 법천사 뜨락에서
임동주

차례

제2부 외줄타기

제3부 아득하다

제1부

그리운 악어

봄날은 간다

저 비를 맞으면 사내의 짧은 쪽 다리가 죽순처럼 자랄 것만 같은 봄날
마당을 가로지른 빨랫줄에는
속옷들 봄꽃처럼 나풀거린다
그것들의 부끄러움을 가려주겠다는 듯 기저귀 몇 하얗게 웃는다

저렇게 젖고 마르고 다시 젖기도 하면서
젖은 빨래처럼 서로 끌어안고 울기도 하면서
눈물과 웃음을 섞어 만든 아이를
사내는 자꾸만 내 무릎에 올려놓는다

방싯거리는 아이가 눈부셔,
하늘은 잠시 비를 멈추시는데

울타리안의 웃음이 행여 밖으로 흘러갈까봐
낡은 싸리대문은 이빨을 꽉 깨문다

뿔

악몽이었을까,
잘라도 잘라도 자꾸만 자라는 뿔이 머리를 뒤덮어
성한 곳 없는 머리를 휘두르다가 잠을 깼다

딱딱한 머리를 뚫고 나온 뿔은
가시나무 새순처럼 순한 가시가 다닥다닥 돋아있고
장차 단단해 질 것이라 속삭였는데
그러니까 나는 상처를 만들 것이라는 불길한 꿈
내 머리에 난 뿔로 나를 들이박지는 못할 테니
나는 장차 홀로 살아가야 하리라
누군가에게 가까워지면
가시 잔뜩 돋은 뿔로 그를 다치게 할 터이니

돌에도 나무에도 가까이 가지 말고

이만큼 떨어진 허허벌판에서
자꾸만 돋는 뿔을 자르며

손톱이 갈라지고 머리가 깨지는 날을 살아가리라

마침내 나는 내 머리를 뎅겅 잘라 당신에게 돌려주고 말리라

뿔도 머리도 필요 없는 그날이 결국은 오리라

어떤 사랑

하필이면 애기똥풀 위에서 사마귀가 사마귀를 잡아먹는다

저 징글징글한 사랑을,
황홀히 잡아먹히고 황홀히 잡아먹는다고 읽지 마라
절정의 순간에 사랑을 잡아먹는 일이 누군들 슬프지 않으랴

가슴에 무덤을 만드는 일이
사랑으로 제 몸에 무덤을 파는 삶이
황홀하기만 하겠는가

남은 목숨을 끌고 가는 동안
제 속에서 덜그럭거리는 옛사랑을
버리지도 뱉지도 못하는 단 한번의 사랑을
한 번쯤 꺼내보고 싶지 않으랴

바람도 없는 어느 날, 애기똥풀도 다 지고 난 텅 빈 풀섶에 주저앉아

혼자서 꺼이꺼이 울고 싶지 않으랴

통증

너를 들어내려니 가슴이 우르르 딸려 나온다

비 그친 새벽 혼자 바라보는 창문처럼
빛도 소리도 지워진 적막한 한때를 견딜 수만 있다면
슬픔 우거진 가슴은 모두 네게 딸려 보내고
눈도 코도 없는 나무토막이 되어
마당 귀퉁이에 던져져도 좋으리

불붙지 않는 젖은 장작처럼
함부로 버려진 나를
아무것도 모르는 네가 발길로 툭 차고 가도
가끔씩 여닫는 네 방 창문이 훤히 보이는
마당 귀퉁이 그 곳에 던져져도 좋으리

발바닥 끝까지, 머리카락 끝까지 뿌리내린 너를
나, 결국은 들어내지 못하리
혼자서 그렇게 조금씩 죽어가리

어느 날 네 맨발을 공손히 받드는 한 줌 흙으로
마당이, 마당이 되리

그리운 악어

초원을 달리는 누우 떼는 강을 찾아 떠도는 바람과 같은 것

악어를 향해! 악어의 허기를 향해!
그럴 리야 없지만 누우는 한시 바삐 제 몸을 던지려는 것처럼 보인다
물보라를 일으키며 돌진하는 한 마리 두 마리 혹은 그보다 많은 누우가 악어의 입 속으로 들어간다고 해도
세상 누구도 기억하지 않을 죽음이 진행 중이다

내 사랑이 네게로 옮겨가서 나를 살리고 너를 살리듯이
그럴 리야 없지만
누우는 저렇게 악어를 살리려는 것이다

그리운 악어,
사랑을 부르듯이 속울음을 울면서
다시는 풀밭을 찾아 떠돌지 않아도 좋은

목마른 슬픔에 뒹굴지 않아도 좋은
악어의 몸속으로 제 몸을 옮겨가려는 것이다

어느 해질녘 혹은 큰 비가 오고난 후 맑게 개인 아침에
악어가 입을 떡 벌리며 하품을 할 때
누우는 고단했던 세상을 슬쩍 엿보며 웃고 싶은 것이다
그뿐이다

은어

강물의 한 구비를 넘어갑니다
한 잎의 낙엽처럼 나는 물 위를 떠돕니다

내 사랑은 너무 멀어, 이대로 다시 물살에 휩쓸릴까봐
보세요, 여기 수박 향을 먼저 보냅니다
적막한 그대 곁에 알 수 없는 냄새가 번지면
더는 올라갈 수 없는 거센 물결 앞에서
자꾸만 거슬러 오르려는 내 이름인줄 짐작하세요

시도 때도 없이 가슴을 후비는 이름 때문에
나는 늘 물가를 서성이지요
겨울이 가면 강물이 풀리면
은빛 지느러미를 퍼덕이며 찾아가야지
강바닥 깊숙이 묻어둔 울음도 꺼내고
돌아서라 돌아서라 뺨을 때리던 파도도 한 자락 꺼내어
가볍게 기쁘게 나서야지요

나는 여전히 반짝이는 은빛 비늘을 가졌답니다
그대 오늘은 이마에 손 비늘을 하고 물가에 서 있기를
물비늘 반짝이는 먼 강을 향하다가
거기 죽을 힘을 다해 도착하는 나를 향해 웃어 주시기를

대설

밤새 쏟아진 함박눈이 쌓여
나무도 길도 우물도 모두 지워져서
집으로 가는 길을 찾지 못하는 새들이 선방을 기웃거린다
소나무 가지를 힘껏 흔들어 눈을 털어낸다
집은 아직 안 보이지만 푸른 가지를 냉큼 알아보는 새떼들
후르르 날아오른다

넉가래를 든 수좌는 흰 쌀을 퍼 담듯 눈을 치우고
도반은 햇살아래 반짝이는 눈꽃을 별인 듯 바라본다

하얀 색 속에 세상의 모든 색깔이 들어 있었다니!

아무도 찾아오지 않는 길을 멀리까지 치운다
바람이 지나가리라
햇살이 내려앉으리라

구름이 잠깐 바라보리라
길은 그렇게 온종일 붐비리라

길을 찾아서

길이 멈추는 곳에서는 다른 길이 시작 된다

사람들 제각각의 일상을 끌고 건널목 앞에 서 있다
빈 도시락이 덜그럭거리고
담뱃불이 타오르고
장바구니 속 야채가 시든다
저들은 모두 신호가 바뀌기를 기다린다

누군가가 일러주는 신호를 따라가는 길은 안전하다
뜻밖에, 신호등이 없는 길을 만날 때
누군가는 뛰고 누군가는 돌아서고
어쩌면, 주저앉아 울기도 하리라

발을 구르리라

그러나 길은 애초에 없었다
자신이 걸어온 길을 위하여 발바닥 부르트게 걸을 줄

알게 될 때

그만 글은 끝나고 또 다른 막막함과 마주치더라도
당신은 마음속 신호등을 따라 걸어야 한다
가슴속 신호등이 꺼지지 않도록 앞섶을 잘 여며야 한다

밤바다에 가다

아득하다 그대,
여기까지 와도 없는 사람을 어둠 속에 불러 세운다
눈도 코도 입도 보이지 않는 그대 목소리를 허공에서
불러낸다

그대는 이제 내 앞에 있다
절해고도, 적막 속에 우리 둘 뿐이다
여기서 우리는 천 년쯤 살자
파도도 갈매기도 이르지 못하도록
걷히지 않는 어둠을 백 번쯤 천 번쯤 둘러서
세상이 엿볼 수 없는 깊고 깊은 어둠의 나락을 만들고
여기서 우리 만 년쯤 살자

그렇게 한 생이 흐르고 다시 한 생이 오도록
세상은 우리를 찾지 못하여
마침내 우리는 전설이 되거나
어쩌면 아무도 기억하지 못하는 이름이 되거나

그대는 풀이 되고 나는 흙이 되어
그저 아무것도 아닌 몇 번의 생을 거듭 살아
나중에 아주 나중에는
저기 저 물거품이 되자

안부

내가 언제 이 산을 만들었나 언제 이 물길을 만들었나
나는 언제 이 산에 들어 옛날이야기 같은 깊은 물을 앞에 두었나

차 한 잔 나누자는 그대, 밥 한 끼 같이 하자는 그대,
오직 나를 염려하는 간절한 그대들에게서 나는 너무 멀다
나 혼자 만든 섬 안에서
나는 한 발짝도 나갈 수가 없다

흰 구름자락으로 살을 가리고
맑은 물 떠다 눈동자 비춰보자던
그대들 다 떠나고

배고픈 짐승처럼 울고 있는 이 산을 어쩌지 못해
밤이면 혼자서 몰래 울기도 하는
이 산의 속내를 모른 척 할 수 없어

이 산을 혼자 두고
밥 먹으러 못 간다
차 마시러 못 간다

이런 내게 저도 미안했던지
오늘 아침 산기슭에는 덩굴딸기가 흐드러지게 익었다

몸살

세상이 온통 얼어붙은 겨울 한가운데를
한여름인 듯 헤맨 벌일까

세상의 불이란 불 모두 몰려와서 나를 쑤셔댄다
돌아누울 때마다 풀썩, 먼지가 일어 잔기침 터지고
타오르지도 못하면서 뜨겁기만 한 살점이 불에 덴 듯 홧홧하다
누가 등짝을 때리는지 후벼 파는지
엎드려도 바로 누워도 천정이 빙빙 돌고 문짝이 조여든다
어디로든 피해야 할 텐데 일어나야 할 텐데
입술이 까맣게 타들어가고

뜬금없이 울고 있는 네가 보인다
너는 자꾸만 강물로 들어가자고 나를 잡아 끄는데
어쩌나, 나는 모질게 손을 뿌리치고 돌 하나를 집어 삼킨다

나는 이제 너무 무거워
너는 슬그머니 내 손을 놓고 혼자서 강물 속으로 스며
든다
밤새도록 헛손질을 하더라고
가끔 울기도 하더라고
행자가 근심어린 물수건을 건넨다
몸살에 왜 갈비뼈 아래가 쑤시는지

라플레시아*

꽃이라니, 나를 그렇게 부르지 마라
꽃인줄 알았다고 놀리지도 마라
나는 내가 꽃이라고 믿은 적 없다

나는 7일간 살다가는 평범한 목숨
내게서 나는 냄새는 가장 정직한 죽음의 냄새일 뿐
이 냄새로 나는 피었고 또 죽을 것이다
더 많은 눈길이 내게 머물기를
잠깐이지만 모두 나를 기억하기를
나는 파리와 모기의 몸을 빌려 7일간의 목숨을 산다
그것들 내안에서 지독한 냄새로 7일간 더 살아있는 것이다

세계에서 가장 큰 몸을 지닌 나는
이 지독한 냄새를 기억했다가
다음 생에 파리나 모기의 몸을 받아
다시 이 숲에 오겠다

와서, 가장 지독한 냄새를 풍기는 옛 친구
라플레시아의 밥이 되겠다
그때, 오늘 내가 먹은 파리는, 모기는,
세상에서 제일 큰 라플레시아로 화려하게 꽃 필 것이다

* 라플레시아 : 동남아시아, 말레이 등지에 분포하는 기생식물로 생선 썩은 냄새를 피우며 1m까지 자란다.

방랑 혹은 방황

당신이 수시로 두통약을 찾듯이
나는 자주 강을 찾아간다
바람이 시간의 낱장을 뜯어 강물에 버리는 걸 바라보면서
사람들이 왜 진통제를 먹는지에 대해 생각하거나
아무 생각 없이 눈을 껌뻑이며
강물이 흐르는 속도를 계산하기도 한다

내가 언제 여기까지 왔을까
내 등을 떠밀던 손길에 대하여
잠깐 노엽다가 금방 고맙다가
나도 나를 다 알 수 없다

사랑을 곁에 끼고 사는 일이
살점을 저며 불쏘시개를 삼는 일이라는 거
저 강물을 보며 생각났다
그러나 어느 길을 걸어도 얼마나 멀리 도망가도

그 끝에 항상 네가 서 있다
강물이 저렇게 쉬지 않고 흘러도
흘러가는 것은 물이고 강이 아니라는 걸
어쩌면 이리도 당연한 삶의 비밀을
나는 오늘도 강가에 와서 묻는구나

절벽

절벽에서 또 다른 절벽으로 옮겨가려고 발을 떼는 사람이 있다
그가 오직 절벽 위의 소나무에 닿으려고 하는 것은 아니다

소나무는 소나무대로 이쪽 절벽을 향하여 팔을 키우고 있다
닿지 못할 것을 향해 몸을 던지는 것은
어리석은 사람만의 일이 아니다

제 안에 오를 수 없는 절벽을 만들어 놓고
밤 새워 시지프스의 돌을 굴리는 건
그대만의 일이 아니다

구름이 날마다 절벽을 기웃대는 걸 보면 알 수 있다
새들이 한사코 절벽 위의 소나무에 앉으려는 것을 보면 더욱 그렇다

절벽을 오를 수 없다는 것은

닿고 싶은 곳이 없다는 말이다

죽음을 읽는 밤

소주가 가장 맛있는 시간은 영안실 앞에 벗어둔 신발짝들이 뒤섞여 있는 새벽이다
누구는 구석에 처박혀 토막잠을 청하고 누구는 볼이 미어지도록 돼지고기를 꾸역거리고
이번에도 죽으면 나는 못 산다고 화투패를 들고 씩씩거리는 미친놈이 목소리를 높이는 새벽이다

흰 국화꽃 아래 엎드려 잠들었던 늙은 상주가 소스라치듯 깨어나 꺼이꺼이 울다 다시 쓰러지는 새벽이다

기어이 아침 국밥 그릇까지 달게 비우고서야 양말목에서 꺼낸 지폐를 차곡차곡 접는 넉살 좋은 등짝에 비듬 허옇게 묻어있는 새벽이다

아무리 생각해도 영정 속 그와 악수를 나눈 날짜가 생각나지 않는 기분 더러운 새벽이다

고래에게

이름도 까마득한 태평양 어딘가에서 너와 나 고래였던 때가 있었다
내 가슴에 씨를 뿌리고 시라고 우기던 너는
노을을 훔쳐다 진분홍 꼬리를 만들던 철부지였고
나는 날마다 시를 낳는 다산의 임부가 되고 싶었다
어둠을 덮고 누워 별을 헤아리던 그때
우리를 향해 달려오는 죽음의 작살 따위 두렵지 않았다
집채만 한 파도쯤 눈을 꼭 감으면 금방 지나갔고
노래를 잘 부르는 너는 풍랑을 잠재우는 재주가 있었다

믿을 수 없지만
시도 사랑도 허락 받지 못한 고래로 태어났던 우리는
마침내 죽어 사람이 되었다
아무리 헤매도 너를 알아볼 수 없어서
나는 공들여 작살을 만든다
내가 나를 고래로 돌려보내는 날이 오면
네가 금방 나를 찾아낼 테니까

동자꽃

불빛 환한 마을에 어울릴 듯 잘 익은 홍시 색깔의
동자꽃 산문 앞에 피었습니다
푸른 잎을 꼭꼭 씹어 삼킨 듯 야물고 고운 꽃입니다
지난여름 꽃이 필 때도 꽃이 질 때도
그윽이 바라보던 한 사람을
나, 동자꽃 환한 곁에 불러냅니다
기억은 이리도 선명하여
꽃을 바라보던 머리카락 한 올까지도 다 보입니다
저 환한 동자꽃에 다 어립니다

그립다는 것이 아닙니다
꽃이 피듯이 꽃이 지듯이
그냥 그렇게 생각나는 것입니다
바람이 불 때마다 창문 밖을 내다보는 버릇도 여전합니다

적멸

못 견뎌, 못 견뎌서,
저 혼자 차고 저 혼자 이우는 달
앞서지도 않고 멀어지지도 않는 꼭 그만큼의 거리에서
나를 따라 온다
가끔씩 어깨를 툭툭 건드리며 잊은 건 아닌지 묻기도 한다

이미 차갑게 식어버린 손으로
새파랗게 언 손을 지긋이 잡아준다

평생을 떠돌아도 다시 그 자리
머물 곳도 아니면서 돌아오는 거기
바라보기에 좋으라고
상수리나무 잔가지들이 잎을 떨구는 겨울이면
감추지 않아도 되는 차가운 몸으로
불쑥 창문가에 찾아오곤 하는
그대를 어쩌면 좋은지

난을 치다

이파리 몇 개를 옮겨 놓은 화선지를 바라보는데
들고 있던 붓 끝에서 먹물 한 점이 툭 떨어져 번져간다
그럴 리 없겠지만
내 생각이 붓으로 스며들기라도 한 듯
먹물은 번져 이파리를 적시고 스스로 꽃이 된다
나는 갑자기 서러워져 눈물이 고인다

나도 그렇게 스미고 싶었다
그대라는 잎을 만나 꽃으로 피고 싶었다
꽃 위에 향기를 더한 난이 되겠다고
혼자서 오래 걸었다
주저앉아 허공을 향해 욕설을 퍼붓다가
엎어져 이마를 깬 적도 있다

여전히 나는 떠돌고 있지만

저렇게 스스로 스며들어 꽃이 되는 먹물처럼

나중에는 나도 그렇게 꽃이 되리라
다시 먹묵을 듬뿍 찍어 난을 친다
이파리가 척 휘어진 난 한 촉이 싱그럽다

비밀

오늘밤도 부처의 천수천안을 훔치러 간다
밤새도록 훔쳐온 천수천안을,
날 새고 나면 어느새 도로 찾아간 부처는 빙그레 웃고
나는 다시 치밀한 계획을 세우며 천수천안을 꿈꾼다

초파일 하늘을 가린 연등 아래에서,
나는 또 한번의 계획을 세운다
행여라도 누군가 눈치 챌까봐
나의 거친 숨소리를 들킬까봐
점점 더 목탁 소리를 높인다
꽃이란 꽃은 모두 불러다, 새라는 새는 모두 불러다,
부처의 눈을 가리고 귀를 막는다

나의 계획은 이제 겨우 한 생이 걸렸으니
내가 저 천수천안을 훔쳐오는데 삼생이 거듭 걸린다 해도
너무 빠를 것이다

쉿! 나는 벌써 손이 두 개나 된다

제2부

외줄타기

봄날

햇살이 들판을 쑤석이고 다니더니
새싹들 붐빈다
붐벼 냇가로 넘치는지
이 아침 냇물도 소란스럽다

산문을 여닫는 바람을 따라
나도 자꾸만 뛰쳐나가고 싶어
가는 곳마다 절벽이었다고
달이 밝고 별이 총총해도
절벽을 피해가기 어려웠다고
자꾸만 마음을 주저앉히는데

어쩌지, 어쩌지,
누가 자꾸만 마음을 잡아당겨
산문을 나설 핑계를 찾다가
아하, 해실거리는 봄날과 나 눈 맞았다

먹고 사는 일

불공을 올리느라 점심공양이 늦었다
때로 마음이 불편하여 끼니를 건너기도 하면서
내 뜻과 상관없이 늦을 때는 공복이 사뭇 서럽다
한 끼를 굶은 것도 아니고 늦은 것을 못 견디는
참을성 없는 나를 꺼내 마당에 내던지고 싶다

먹고 사는 일이라는 것
그것이 정말 밥만 먹고 사는 일이어야 된다면
사람은 얼마나 한가할까
마음공부도 접고
부처의 길에 쑥대 우거져도 모른 척 버려두고
한 마리 들짐승처럼 어슬렁거리다가
어떻게라도 배를 채우고 쓰러져 잠들면 될 텐데

생각의 줄기를 들추다가 얼른 머리 흔든다
생각만으로도 죄가 되는 일이 있는 걸,

오늘은 구름 한 점을 후식으로 들어야겠다

파랑주의보

바람을 읽는 날들이 늘어나기 시작하면서
깃발의 울음을 알아듣게 되었다
파랑주의보를 들으며 파도를 밀고 나가는 우리들의 아
버지

그들이 목젖이 보이도록 웃어 제치는 건
두려움을 감추려는 고도의 술수였다

돌아오지 않는 건 배가 아니고
배를 끌고 간 사람들이다
그들이 먼 바다 어딘가를 여전히 떠돌며
한 마리 물고기로 몸 바꾸어 살더라고
바다는 모른 척 눈감아 주리라

더 이상 쓸모없는 빈 배를 항구로 밀어다 주고
녹슨 어구들 곁에 주저앉은 사람들을 무심히 바라보며
파도나 몇 번 철썩이다가

그렇게 다시 돌아서리라
끝끝내 우리가 바다를 미워할 수 없는 것은
살아서도 죽어서도 물거품인 우리를
바다는 말없이 받아주기 때문이다

끈

무슨 인연으로 내게 와 절집 강아지가 된 어린 것을
산짐승의 해가 두려워 목줄을 묶었다

어쩌면 다른 생에서는
산천을 호령하는 늠름한 한 마리 호랑이었을지도 모르는
녀석의 눈이 사뭇 서글프다
보호가 속박이 되기도 하는 세상이지만
야생의 본능을 다스릴 줄 모르면
죽음 앞에 소스로 목을 내밀 수도 있는데
그것도 산목숨의 인연이라면
나는 지금 자연의 이치를 거스르고 있는 건 아닐지

제 꼬리를 물겠다고 목줄이 엉키는 줄도 모르고 폴짝 대는
강아지를 풀어줄까 말까 궁리하다 잠깐 졸았던가

내가 묶은 세상의 많은 끈들이 다시 나를 묶는
낮꿈에서 깨어 냉수를 마신다

봄눈

노스님 기침 하셔서 약국 가는 길
사람들 지나가기 좋으라고
길 옆 나뭇가지에만 조심조심 내린 봄눈
하 고와서 슬그머니 만져 보는데
눈 밑에 버들강아지 그새 눈 뜨고
여기요여기요 손 흔드는 아이들처럼 냇물 소리가 어제와 다르다
겨울과 봄의 경계에서 잠깐 얼굴을 내밀고 스러지는

봄눈, 녹듯

가슴 한 곳이 녹았으면
얼음 같은 건 품어본 적 없다는 듯
너털웃음이나 한번 웃어 제끼고
그만 다 녹아버렸으면

봄눈 녹듯

외줄타기2

안성 장마당에 남사당의 후예들이 판을 펼쳤다
청룡사 산바람 속에 잠든 혼령을 불러내듯
허공을 밟는 몸이 꽃잎처럼 가볍다
누구도 무엇도 믿을 수 없는 불안을 날려보려는 듯
활짝 펼친 부채를 흔들며
솟구쳐 하늘을 밟아보지만
허락된 줄을 벗어나면 그뿐,
사내의 이번 생은 바람으로 지워지리

사내를 붙잡는 관객의 탄성과 박수소리
살점을 파고드는 고통과 맞바꾼 하루치의 희열
그가 잠깐 눈을 맞추며 합장을 보낸다
송구해라, 꺼지지 않는 바람 앞의 목숨이여

슬그머니 돌아서며 왼발을 띄운다
내 몫의 외줄은 보이지 않아,
언제 오른발을 들어야 할지 알 수 없는 나는

오늘도 허방을 딛고 비틀 거리는데
바람의 갈기를 움켜진 저 사내
그대는 얼마나 아름다운 전생을 지고 왔는지

나, 뜨거운 눈가를 숨기며 터벅터벅 돌아간다

철쭉꽃 필 무렵

천 년 전에 시작한 나의 탁발은 아직도 끝나지 않았는데
그때 길가에서 마주쳤던 눈동자 잊지 못해서
토끼풀 하얀 꽃만 뜯었었는데
그렇게 만들었던 토끼풀 꽃다발을
아직도 메고 다니느라
한쪽 어깨가 기울었는데

만년을 기다려도 만날 수 없는 사람
오늘은 불붙는 철쭉꽃 덤불에다 끌고 다니던 꽃다발을
버린다

멀리 두견새 우는 소리가 들리면
내던진 토끼풀 꽃다발을 다시 줍느라고
철쭉꽃 붉은 눈물을 헤집는 줄 아시라
한 사람 가슴을 짓찧어 토끼풀 꽃이 피는 줄도 짐작하
시라

떠돈다는 것

바람을 만나면 바람이 되고 구름을 만나면 구름이 된다고 믿었다 우겼다
바람도 구름도 애초에 한 몸이었기에

그것들 아무 말 없이 나를 품어주는 것 보면
나 또한 아주 오래전에는 한 방울 빗물이었는지도 몰라
비 오고 바람 불면 가슴 저릿저릿하고
풀밭에 앉으면 나도 이내 풀씨가 되는 혼곤한 꿈을 꾸는
나도 사실은 한 포기 풀이었는지도 몰라

아주 가끔씩 알아보기 힘들만큼 작은 꽃잎이 마음에 돋는 걸 보면
나도 누군가에게 꽃이었던 한때가 있었던 것만 같아
빙그레 웃음 깨물기도 하면서
여기는 아직 추워,
주소도 없는 편지를 띄우기도 하면서

사랑

나비춤을 보신 적이 있는지

내가 한때 깊이 사모했던, 먼발치서 한 번씩 우러르던 그가,
긴 소매 장삼에 연화지를 받쳐 들고
스스로 나비가 되어 푸르르 날개 떠는
서글픈 한나절을 지켜본 적 있는지

어디선가 꽃잎은 시나브로 지고
장삼 속 툭툭 떨어지는 붉은 눈물 보일 듯 말 듯
햇살은 자꾸만 부서지는데
아무데도 날아가지 못하면서
텅 빈 마당에서 한사코 펄럭이는

그녀의 나비춤을 보신 적 있는지

돌탑

너 참 오래도 서 있구나
붉은 속살을 쏟아내는 저물녘 길가에
눈에 담아둔 돌탑 하나 무너질 듯 무너질 듯 여전히 서 있다
안부를 묻듯 돌 하나 올려놓는다

돌 하나에 담는 나의 소원은
다음 만행 길에 다시 볼 수 있기를
보아도보아도 다 볼 수 없는 푸른 이끼 속에서
그냥 그렇게 서 있어 주기를
세상 한 구석에 나를 기다리는 무엇이 있다고
나, 가끔씩 따뜻해 질 수 있도록
어쩌면 몇 송이 풀꽃이 피었을지도 몰라
혼자 짐작으로 웃는 날도 있도록

나 혼자 불러 보는 이름을 대신하여
거기 그렇게!

부처를 줄 세우자

들판도 냇가도 다 그만두고 도시 한복판 아스팔트 틈새에 자리 잡은
개망초를 맨 앞에, 먼지와 소음과 욕설로 발등을 덮어서

이제 모든 것들이 물기를 거둘 때, 죽음이라고 읽어야 할 때가 가까운데
저 혼자 하늘하늘 보랏빛으로 웃는 구절초를, 상처라는 말은 들어본 적도 없을 저 속없는 것을,

차마 버릴 수 없어 짊어지고 오던 것들이 무거워 꼭 하나 덜어낸, 가장 무거운 희망을 덜어내고 비로소 가벼워진 잠을 청하는 저기 저 노숙의 목숨을,

갑자기 허공에 대고 컹컹컹 짖는, 하늘에 님을 걸어둔 절집 강아지를,

저 많은 부처들을 줄 세우자, 멀리서도 알아볼 수 있도록 차례차례 세우자

장마

고함처럼 분노처럼 장마가 들이닥친 마당가에
멀거니 서 있는 원추리 한 포기 본다

(무사했구나 나여)

절망 따위를 소리 내어 말하지 않는 습성이여
욕설처럼 창가에 튀는 빗방울을
하나 둘 열 서른 자꾸만 헤아리며 상처 같은 노래를 부른다

터지지 않는 물집처럼 마음은 와글거리는데
맨 가슴으로 받아낸 빗물이 발등을 적신다
젖고 또 젖어서 온전히 물이 될 수 있다면
빗줄기 속으로 잦아들어
나도 밤마다 쏟아지고 싶어라
뜨거웠다고뜨거웠다고
맨가슴으로 엎드려 빌고 싶어라

원추리 꽃 피는 날을 기어이 보자고
나 혼자 주먹 쥐고 울고도 싶어라

정성껏

바작바작한 햇살을 끌어다 펼쳐놓고 승복에 풀을 먹인다
무명 풀주머니에 담긴 것은 나의 아침밥이었다

몸이 먹을 밥을 덜어 옷에 먹인다

보시기에 좋으라고 안으로 밖으로 정성껏 먹이는 밥

자칫 딴청을 피우면 금방 알아채고 흰 얼룩을 내미는 승복
먹는다는 건 지극정성이다, 당신이 내리는 법문이 처처에 그득한데
자꾸만 밀려오는 허기에 발 걸려 넘어지는 우매한 나는
죄 없는 햇살 쪽으로 눈을 흘긴다

오늘은 초하루
아무도 오지 않아 다행이다
풀 먹여 꼭꼭 밟은 옷으로 갈아입고

정성껏, 백팔 배를 올린다

아무도 오지 않아 정말 다행이다

박쥐

절집 지붕 속에 자리를 잡은 박쥐 떼들
그것들도 어떻게 살아야 하나 고민하기도 하는지
식솔들이 한꺼번에 법당을 기웃거리곤 한다
발가락 사이에 막이 있는 걸 보면
허공 중에는 우리가 모르는 물길이 있어서 밤마다 헤엄치며 사는 듯도 하다
거꾸로 매달린 채 잠드는 습성은 저희들의 하늘을 지켜내려는
사실은 눈물겨운 노력도 같아서
갑자기 저것들이 슬프게 보인다

초음파를 쏘며 살아간다지만 세상에 실수 없는 삶은 없는 법이어서
오늘 아침에는 어린 새끼 한 마리가
제 집 대문을 못 찾고 내 방 앞에 떨어져 있다

얘야, 집을 잃는다는 건 어둠을 걷어내는 것과 같은 것

이란다

가만가만 목탁을 두드리다 나와 보니
어린 박쥐는 없다
뜨락 한 곳이 한결 따뜻해 보인다

나를 부른다

저녁 예불을 마친 법당 가득 어둠은 차오르고,

한 점 번뇌처럼 꺼지지 않는 향불만 타오르는데

텅 빈 산사 깊은 곳에서 누가

별을 불러들이는지 별의 눈을 감기는지

향불도 객승도 깜박거리는데

점점 깊어지는 어둠에 젖은 몸을 일으켜 세우지만

너무 많이 젖었던 것일까

다 태웠다고 믿으며 벌떡 일어서다가

털썩 주저앉은 어깨를 짚으며

별빛 지지러진다

노을에 젖은 하루

억새꽃 지천인 산허리에 노을이 쏟아진다

타오르는 것만이 불은 아니어서

산도 억새도 나도 불타고 있다

멀리 내가 머무는 암자까지 불길은 번져

오늘은 불꽃 수북한 밥상을 받겠다

온종일 타올랐던 몸을 창가에 눕히고

서서히 낮아드는 불길을 바라보겠다

아직도 다 버리지 못한 적막이 남아서

한 줄기 눈물을 흘릴지도 모른다

빈산을 더듬어 젖은 가슴을 거둔다

빈 절

웃자란 잡초들이 무너진 지붕을 가리고 있다
상처를 덮을 줄 아는 푸른 것들의 지극함이여

법당 안에는 여러 개의 방을 만든 거미들이 고요히 참선 중이어서
빈 절인줄 알고 기웃대던 나는 깜짝 놀라 합장의 예를 올린다

마당에서는 장독들이 빈 절의 날들을 기록하느라 아랫도리까지 금을 그어
뭐라고뭐라고 촘촘히 적어 두었다
나는 읽을 수 없는 저 문장을 훗날 돌아온 주인은 웃으며 읽어 가리라

마당에 한 그루 동백이 붉은 목청을 돋우며
옛 주인의 안부를 묻지만
나는 이 깊은 고요를 깨뜨릴까봐 뒷걸음으로 물러난다

그늘

아무도 모르게 접어둔 그늘을 꺼낸다
내 그늘은 딱딱하고 거칠어서
베고 눕지도 못하고 껴안고 잠들 수도 없다
다른 이에게 만져보라고 내어줄 수도 없다

내 그늘 속에는 온갖 이름들이 들어있는데
목젖 부어오른 내 시와 봉두난발의 부처가 가장 가운데
에 있다
아주 오래전에는 사람의 세상에 대한 목록도 있었지만
수없이 덧쓰고 덧쓰다가 이제는 캄캄하게 지워져버렸다
가끔씩 법당의 촛불을 앞세워 나타나기도 하는 그것들은
더 이상 내 앞으로 다가오지 못하고
그늘 속에서 머뭇거린다

나 또한 내 그늘의 끝을 짐작할 수 없어서
타오르는 향불만 하염없이 바라보곤 하는 것이다

불면증

휘파람 새 한 마리 날아와 내 잠을 헤집는다

남쪽 창문 창틀에 앉은 새는
꽁지를 까딱거리며 쉴 새 없이 뭐라고 뭐라고 말을 거는데
나는 한 마디도 알아들을 수 없다
둘의 수작을 기웃대던 밤바람이 키득거리며 돌아가고
오늘따라 환한 달빛이 아무래도 마음에 걸려
나는 슬그머니 시집을 펼친다

달빛 아래 시집을 읽다니!
이번 생에서 이런 눈물겨운 밤이 또 있을 것인가
나 혼자 차지한 산 속 오두막이 송구하여 차마 문 열 수 없다
문 밖에 그득한 저 밤을 혼자 다 누릴 수 없다
문틈으로 시집을 밀어내 툇마루에 둔다

밤 이슥토록 누웠다 일어났다

누가 있어 시집 한 권을 저리 다 베껴 두었는지 곰곰 생각한다

목어

떨리지 않는 비늘을 가진 물고기가 있다
밤마다 저 혼자 무한천공을 헤엄치는
아무에게도 들키지 않으려고 속을 텅 비운
세상에서 가장 가벼운 물고기가 있다

범종 소리를 먹고 사는 그 물고기는
먹어도 먹어도 속을 채울 수 없는 그 물고기는
태어나 한 번도 잠 든 적이 없다
그 물고기가 소리죽여 우는 걸 본 사람도 있다고 하는데
그런 날이면 어김없이 비가 오셔서
아무도 사실을 확인하지는 못했다고 한다

다만 그런 날이면 법당 문을 걸어 잠그고 삼천 배를 삼천 번 하는
누군가가 있더라는 목격담도 들린다

제3부

아득하다

서운 산방

참선도 낮잠도 부질없는 한나절
참새 한 마리가 선방에 들어와 쩔쩔맨다
들어온 문을 못 찾기로는 저나 나나 똑같아서
슬그머니 웃음 깨물며 창문을 열어준다
이리저리 부딪치던 몸을 가누어 참새는 날아가고
열린 창문으로 하늘이 쏟아져 들어온다
누가 있어 내게 나갈 곳을 일러줄 것인가
저 무한 천공의 문밖으로 나가면 나는 또
누구를 의지하여 길을 잡을 것인가

내 안에서 부글부글 끓고 있는 알지 못할 길들을
참새 날개에 잡아 맬 수 있다면,

이미 날아간 작은 새 한 마리가 부처였음을

동안거冬安居

겨울잠에 든 뱀처럼 우리는 모두 또아리를 틀고 앉아 있다
몇은 졸고, 멀리 노루 우는 소리 들으며
앉아서 눈 감고, 눈 감고 돌밭을 걷는다

산을 넘으면 또 산, 가시를 뽑으면 다시 가시,
발바닥은 갈라지고 손톱은 빠지고
지금의 내 모습을 보면 풀도 돌도 산새들도 놀랄 것 같아
작아지고 작아져서 그것들 눈에 띄지 말아야 한다
눈보라가 퍼붓는다
살은 얼어터지고 붉은 피 뚝뚝 떨어지는데
가슴이 따뜻해진다
눈은 다시 마지막 편지처럼 다정해진다

봄바람이 목덜미를 간지른다
새 소리가 아득히 들린다
낙숫물 떨어지는 소리

우레처럼 들린다

어쩌랴, 나는 벌써 한 생을 다 소비했구나

연화대

어쩌면 그는 오래 꿈 꿔왔는지도 모른다
제 몸이 들어갈 만큼만 꼭 그 만큼만 땅을 빌려
화르르 타오르는 제 몸을 즐거이 바라보겠다고
오래 오래 기다렸을지도 모른다

그를 데려갈 저 숲은 그가 등 기대고 놀던 굴참나무 일지도 모른다
조금 더 바라보겠다고 쉽게 불붙지 않는 통나무 장작을 던지는 손도 있지만
그건 내 마음이 아니라고 잔가지를 그러모아 얼른 불꽃을 당기는
그는 혼자 가는 것이 아니다
저 불꽃 속에는 지나가는 사람의 호기심도 남은 자들의 한숨과 눈물도
다 함께 타오른다
그가 보았던 이쪽 세상의 하늘과 바람과 다정한 기침 소리도

그와 함께 간다

불붙은 솜방망이를 들고 불 들어가요, 외치는 목소리 속에는

그가 가져가기 버거울 만큼의 인연이 들어있다

화엄華嚴의 하루
— 노보살의 죽음에 부치다

한때 그는 꽃이었으나 바람이 머무는 나무였으나
구름을 잠재우는 햇살이었으나
이제 장엄한 한 떨기 불꽃으로 핀다

華嚴, 華嚴,

이승의 마지막을 모두 태우고
빛나는 서쪽 하늘로 날아간다

여기서 짓지 못한 집 한 채 지으러
그 집에 넓은 창을 내고
따뜻한 불을 환히 밝히러
너무 늦었다는 듯이 서둘러 간다

아무도 울지 않는 쓸쓸한 마지막이
남은 자들의 잘못인 듯 미안해서
고개 숙이는데

어쩌자고
불티는 자꾸만 날아오나
소리 없는 눈물로 작별을 고한다

마애불상 앞에서

바람은 꽃의 이름을 부르며 떨어지고
어둠을 기다려 만개하는 별들을 배경으로
산 중턱에 계신 마애불을 뵙는다
눈도 코도 지워진 오랜 시간 앞에 나는 말을 잊는다
다만 서로를 그윽이 바라볼 뿐
멀리서 불어온 바닷바람이 아는 체를 하지만
당신의 천 년을 어찌 셈할 수 있으랴

기다림이란 이리도 모진 것이어서
조금씩 제 몸을 지워가는 것이리
지우고 지워서 아무도 읽을 수 없어질 그때가 되면
비로소 몸을 벗은 마음이 환해지는
그런 날이 오면
천지간으로 흩어진 코를 찾아서 눈을 찾아서
보이지 않는 마음을 찾아서
또 다른 기다림을 시작하리

동자승

애기스님, 이만큼 비켜서세요 송홧가루가 날려요

장삼자락을 펄럭이며 붉은 볼을 쓰다듬는다

소나무 가지가 굽었지요?

저 나무가 곧게 펴지려면 장작이 되어야 한답니다

보세요, 풍경이 흔들리지요?

저 풍경이 움직이지 않을 때가 올 것입니다

그때가 스님이 오신 길을 돌아보실 때랍니다

무얼 아셨다는 것인지

새순 같은 손가락을 꼼지락거리며 맞배지붕을 바라보신다

아름다워라 눈물겨워라

법주사에 비는 오시고

— 월룡스님 사십구제에 바치다

꽃피는 오월의 한가운데로 당신이 멀어집니다

부처를 그리다 그리다
그리움만 이만큼 그려놓고 끝내 당신은 서둘러 가십니다
가져갈 것도 버릴 것도 없는
당신은 홀가분하게 훌훌 떨치고 가십니다만
잡을 수도 없고 보낼 수도 없는 남은 마음들을 어쩌라십니까

비가 오십니다
행여 당신이 흩날리는 눈물이면 어쩌나
한 발짝도 떼지 않고 비를 맞고 서 있습니다
다정하여 더욱 서늘했던 눈빛이며
산다는 것도 죽는다는 것도
꽃피는 언덕을 지나가는 잠깐일 뿐이라고
빙긋이 웃던 당신
어디쯤 가셨습니까

빗줄기를 뿌리는 구름 뒤에 계신지
구름을 몰고 가는 바람 속에 계신지

어리석은 객승은 이제 어디로 찾아가야 하는지
말없는 서운산만 바라봅니다

옛날에 옛날에

멀고 높은 산 위에 사셨습니다
보일 듯 말 듯 미소가 곱던 노스님

홀로 산봉우리 하나 다 차지하고도 나 욕심 없네 거짓말 일삼으며
늙은 새처럼 아주 조금씩만 먹었습니다
구름을 먹고 바람을 먹고 새소리를 먹고
먹은 것들을 발효시켜 깃털을 만들었습니다
청하는 이 없어도 깃털을 뽑아 세상 쪽으로 날려 보냈습니다
나 무심코 건네받은 깃털의 부드러움에 현혹되어
무작정 찾아 나섰습니다
산은 높고 험하고 불친절했습니다
자꾸만 어둠을 펼쳐 눈을 가렸습니다
나무들을 시켜 발목을 걸었습니다
깨지고 터지고 넘어지면서 올라가고 올라갔으나
나 그만 주저앉아 울다가 내려왔습니다

깃털 고운 그 새를 만나지 못했습니다

내 안의 눈물이 다 마를 만큼 저자를 떠돌다가 다시 왔습니다
텅 빈 산만 혼자 웅크린 채 졸고 있었습니다

부처님 전상서

죽어서라도 그대를 섬길 수 있다면
이번 生을 모두 바쳐도 좋으리라 했지만
한 자루 촛불에도 미치지 못하는 어리석은 몸을 끌고
오늘은 무릎 끓고 소리 높여 웁니다

한 줄기 향처럼 타오르지 못하고
무심한 바람처럼 풍경 소리 한번 울리지 못하는
나는 정녕 누구라는 것인지

아직 지붕이 되지 못한 기왓장처럼
하염없이 한 곳만 바라보며
차마 눕지도 못하는 애절한 가슴을
오늘은 울음으로 풀어서 그대 앞에 바칩니다

다만 바라기는,
거기 그대로만 계시옵소서
몇 생을 거듭 불러도

부디 그대로만 계시옵소서

갈대 법문

어디로 향하시는가,
어디를 바라보시는가,
휘적휘적 걷는 스님의 발목을 슬쩍 걸어 넘어뜨리고
저희끼리 킬킬대며 어깨 부빈다
간밤에 서리도 내렸다고 젖은 머리칼을 흔들어 보이다가
아니, 어쩌면 달빛이었을 거야 슬쩍 눙친다
길은 이미 끊기고
작정한 곳이 있는 것도 아닌 스님은
못 이기는 척 갈대들의 수다에 귀 기울인다
무슨 약속이라도 있었다는 듯
바람도 없는 이른 아침에
한꺼번에 눕고 한꺼번에 일어서고
일제히 손을 흔들며 햇살을 반긴다

마침내 가을이 깊어
갈대꽃 다 지는 그날도
그렇게 함께 스러진다고

세상 어디에도 우연은 없고
혼자인 것도 없다고

갈대 법문을 듣는 스님의 얼굴이 눈부시다

칡

산길 오르다가 주머니칼을 꺼내 칡넝쿨을 자른다
해탈 하거라, 간절히 기도한다
칡넝쿨에 감겼던 참나무 가지가 푸르르 떨면서 제자리로 돌아간다
나는 누구의 해탈을 염원하였나
무언가를 휘감으며 살아내는 칡넝쿨을 바닥으로 보냈다고 해도
다시 땅을 움켜쥐고 나가야 할 텐데

칡넝쿨이 구불구불 뻗어가는 것은
스스로 달랠 수 없는 자신의 운명이 슬퍼서이다
저 혼자 서 있을 수 없는 불구의 시간을 견딜 수 없어서
비틀고 비트는 것이다
그러나
땅속으로 벋어가는 칡뿌리를 캐보면
그 굵기와 촘촘한 섬유질이 상상 이상이다
하늘 쪽으로 자라지 못하는 몸을

땅속으로 키워내는 지독한 식물이다
칡의 해탈은 이미 저 깊은 땅 어둠 속에서 이루어지는 중인 것을
나는 공연히 그의 팔을 잘랐구나

국화를 탐하다

이슬이 차다 가을이 오셨다는 기척이다
국화는 점점 향기가 짙어진다
이제 그만 지고 말아야겠다는 기척이다
천천히 손 내밀어 국화를 꺾는다
여름을 잘 건너온 국화 줄기가 딱, 경쾌하게 부러진다
모든 과일은 상하기 직전이 가장 달고
사람은 죽기 직전에 제일 착해진다

절정에 이른 국화의 향기를 거두어 술을 빚는다
푸른 소나무 그림자와 소쩍새 울음을 함께 버무린다
멀리서 지켜보는 달은
잘 익은 국화주를 거르는 밤 뜨락에 불러두고
더불어 가을을 마시겠다
어쩌면 나는 그 밤에 극락을 구경할 것도 같다

뒷짐을 지고

내 몸이면서 내가 볼 수 없는 등짝 가여워
가끔씩 뒷짐을 진다
내가 나를 업고 가는 뒷짐을
전생의 업을 지고 가는 것이라고 나무라지만
정녕 나의 업이라면 더욱 조심히 업고 가야지

천천히 걷는다
느린 뒷짐에 바람이 눕는다 물소리가 기댄다
구름 한 점이 얼른 올라탄다
나는 점점 무거워져 조금 휘청거린다
보이거나 보이지 않거나
내 몫의 업이라면 업고 가야지
날마다 해거름이면 뒷짐을 지고 휘적휘적 걷는다
아무한테도 나의 업을 들키고 싶지 않아서
운동합니다, 거짓말 하면서 뒷짐 지고 걷는다
가끔씩 몸이 가뿐한 날도 있다

고무신

한 점 얼룩도 없이 뽀얗게 닦아 말린 고무신에 발을 넣다가
문득, 송구하여 얼굴 화끈거린다
새 것일 때보다 반쯤 닳은 지금 더욱 정갈해 보이는 고무신
비온 뒤 진흙 마당을 지나오면 안팎으로 흙투성이가 되지만
우물물 몇 바가지면 다시 본래대로 제 색깔을 찾는
하얀 고무신을 보면
나 같은 건 정말 아무것도 아니다 울고 싶어진다

어제는 그대 생각으로 엎드려 울었고
오늘은 엎드려 운 내가 매워 머리를 흔들었다
닦아도 닦아도 흐려지지도 지워지지도 않는 얼룩들 때문에
어깨가 결리고 머리가 아프다

멀쩡한 고무신을 닦고 또 닦고
먼 길을 떠날 사람처럼

외출

모처럼 한가롭게 읍내 나간다

칼국수 냄새도 킁킁 맡으며 자장면 집 간판도 익숙한 척 쳐다보며
무얼 먹을까 즐거이 고민하며 걷는다
오직 하나뿐인 산길을 걷다가 얽히고설킨 읍내 길을 걷는다
이쪽으로 가도 또 길 저쪽으로 가도 또 길
길이 읍내를 잡아먹고 있는 것만 같다
비빔밥도 싫고 찐빵집도 싫다
저 길들에게 나도 잡아먹힐 것만 같아
나 서둘러 산속으로 돌아간다

순하게 누워있는 산길로 접어들자
지독한 허기가 밀려온다
냇물 한 모금을 마시고 허리를 펴자
그럴 줄 알았다는 듯이 깔깔깔,

냇물이 바람이 참나무가 일제히 웃음을 터뜨린다
나 밥 먹으러 읍내 간 것 아니었는데
아무도 내 말을 믿지 않는 눈치다

님

법당 뒤 먼지 쌓인 구석에 집을 짓고 매달려 사는
거미의 기다림은 내 사랑이 아니다

바람 불고 비오는 밤에도 저벅저벅 걸어서 찾아가는
가슴
신발 벗겨진 줄도 모르고 돌밭을 뛰어가는 것이
내 사랑이다
가슴에 불을 품어 활활 태우다가도
그윽한 미소 한 번으로 고요해지는
내 사랑은 소리 없는 폭포처럼 은밀하다

아무도 믿지 않고 보이지 않는 사랑이지만
찾으면 늘 그만큼의 거리에서 웃고 계신
한 자루 촛불처럼 타오르는 공손한 사랑이다

변하지 않는다 하셨기에
떠나지 않는다 하셨기에

내 길을 지워 님의 길을 만들며
쓸고 닦고 쓸고 닦고
마음 밭을 가꾸는 내 사랑
님은 다만 고요하시다

아득하다

왕국은 없다

나는 폐왕, 빼앗긴 것은 왕국이 아니고 심장이다
몸 밖에 꺼내놓고 살았던 나의 심장이었던
왕비와 왕자들이 줄줄이 죽어갈 때
나는 알았다 그들이 쏟아내는 선홍빛 핏덩이가
내 심장에서 엎질러지고 있다는 걸
내가 세우고 지켜 왔던 왕국이란
저 죽어가는 피붙이들이었다
땅 위에 존재하던 왕국은 내가 잘못 본 허상일 뿐
저들을 보낸 후에 내게 왕국이 있어 무엇하리
땅을 지녀 집을 짓고 씨를 뿌린들
누가 있어 함께 나누리

내가 지금 먼 바닷가 오두막에서 꿈꾸는 왕국은
그대가 흰 빨래를 널어둔 옛집이다
식구가 너무 많아 간혹 저녁밥이 부족한 옛집이다

한때 나는 왕이었다
마음속에서 가족들을 죽이고 스스로 문 닫아 건
나는 한때 왕이었다

그날

맨드라미 꽃밭에서 누이가 울었다

남포불 혼자 누이의 눈물을 지키고

어머니는 삽짝 문을 잡아먹을 듯 노려보고

아버지 큼큼 잔기침을 터뜨리는데

멀리 개 짖는 소리에 발자국 소리를 묻으며

나는 돌담 모퉁이를 돌았다

시집가는 누이를 생각하며 말린 산국이 바랑 속에서 바스락거렸다

올해는 산국이 유난히 고왔다

창포꽃 피는 아침

지난밤 연잎에 떨어진 별이 돌아가지 못했다고
개구리 아침부터 소란스럽다
돌아가지 못한 것이 별 뿐이랴만
가고 오는 것이 오랜 관습이어서
연못은 공연히 몸을 뒤채며 재촉하지만
누구라도 잠깐 머무는 곳이 있어야지
쉬어 갈 줄도 알아야지
창포꽃 환하게 피었다
연잎은 연잎대로 별을 굴리고
뜻밖의 아침을 만났다는 듯
구름도 기웃대는
환한 아침이다

객승

누군가 별이 되었고
누군가 꽃이 되었다는 풍문을 들었다

별도 꽃도 모두가 우주의 일인 걸
별은 별이어서 반짝이고
꽃은 또 꽃이어서 향기로운데

누가 이 장엄한 우주를 호명하는가

내게는 오직 하나의 우주
당신뿐이다

나는 당신의 꽃송이에서 떨어져 나온 꽃잎 하나일 뿐
향기라니, 님이여 그리 이르지 마시길

길 안에 들어 서서히 늙어가는 일이
뜬눈으로 지새우는 밤이

모두 다 나의 우주를 읽어내는 사소한 일일뿐

해설

우주를 읽어내는 사랑

김효은(문학평론가)

시집의 구성과 작품 배치의 경우 대개 시인들이 직접 엮게 마련이므로, 서시(序詩)는 시인의 자서(自書)와도 같은 의미를 지니기에 각별하다고 할 수 있다. 따라서 대부분의 서시에는 시집 전체의 작품 세계를 꿰뚫는 하나의 시관(詩觀) 또는 작가의 고유한 세계관이 존재한다. 아마도 임동주 시인에게 있어 작품 「뿔」 역시 이번 시집을 꿰뚫고 있는 중요한 구심점 역할을 하기에 특별히 시집의 서두에 실렸을 것이다. 달리 말하자면, 이 작품 역시 시인에게 일종의 삶의 지침과도 같은, 또는 매일 자신을 돌아보고 다잡아보는 경전과도 같은 역할을 하고 있는 작품으로 봐도 무방할 것이다. 해설에 앞서 우선 이번 시집의 서시에 해당하는 작품 「뿔」을 읽어보자.

> 딱딱한 머리를 뚫고 나온 뿔은
> 가시나무 새순처럼 순한 가시가 다닥다닥 돋아있고
> 장차 단단해 질 것이라 속삭였는데
> 그러니까 나는 상처를 만들 것이라는 불길한 꿈
> 내 머리에 난 뿔로 나를 들이박지는 못할 테니
> 나는 장차 홀로 살아가야 하리라
> 누군가에게 가까워지면
> 가시 잔뜩 돋는 뿔로 그를 다치게 할 터이니
>
> 돌에게도 나무에게도 가까이 가지 말고
>
> 이만큼 떨어진 허허벌판에서
> 자꾸만 돋는 뿔을 자르며
> 손톱이 갈라지고 머리가 깨지는 날을 살아가리라
>
> —「뿔」 부분

이 작품에서 시인을 괴롭히고 고심하게 만드는 '뿔'이란 대체 무엇일까. 우선 그것은 자체로 악몽이며, "잘라도 잘라도 자꾸만 자라"나기 때문에 화자의 의지와는 무관하게 무한정 번식해나가는 통제불능한 무엇임을 알수 있다. 게다가 "딱딱한 머리를 뚫고 나온 뿔"은 메두사의 머리에 달린 수많은 뱀과도 같이 점점 곁가지를 늘려 우글거리다가 더욱 단단해지고 사나워져서 마침내는 타인에게까지 "상처를 만들 것이라는 불길한" 암시를 주고 있다. 따라서 메두사의 머리를 가진 시적 화자는 "돌에도 나무에도 가까이 가지 말고" 혼자서 살 수밖에 달리 방법이 없다라고 말하고 있다. 시인은 또한 "누군가에게 가까워지면/ 가시 잔뜩 돋는 뿔로 그를 다치게 할 터이니" "나는 장차 홀로 살아가야 하리라"라고 고백하고 있다. 그러나 타인에게 상처 입히지 않고 설령 혼자 고립된 채 살아간다고 해도 나름의 역경과 지독한 고독은 필연적으로 뒤따르기 마련이다. 아무도 없는 "이만큼 떨어진 허허벌판에서" 그야말로 고립되고 유폐된 자아는 생살과 같은 '뿔'을 끊임없이 잘라내야 하고, 이는 "손톱이 갈라지고 머리가 깨지는" 고통을 감내해야야하는 힘겨운 사투(死鬪)인 것이다. 끝없이 자라는 '뿔'이란 다름 아닌 인간의 무한한 '욕망'이라고 볼 수 있을 것이다. 이는 밖으로 뻗어나가는 동시에 그만큼 지독하게 안으로도 뿌리내리는 일종의 '종양'과도 같다. 욕망이란 때로 삶의 원동력이 되기도 하지만, 과하면 서로에게 상처를 입히는 무기가 되기도 하므로 타인의 삶을 의식하고 배려하려는 화자의 입장에서는 함부로 방치해 둘 수 없는 위험한 기피의 대상이다. 그러나 시인에게 '뿔' 을 잘라내는 행위는 "머리를 뎅겅 잘라"내는 것과도 동일할 정도로 고행에 가까운, 자기 자신과의 위험하고도 지난한 싸움이라 할 수 있을 것이다. 마지막 행에서처럼 "뿔도 머리도 필요없는 그날", 그야말로 악몽과 잠에서 깨어날 "그날" 이 온다면, 그때야 비로소 시인은 자신과 타인을 겨눈 무겁고 날카로운 '뿔' 을 벗어버리고 현세의 고통에서 벗어나 열반의 경지에 이르러 편히 쉴 수 있을 것이다.

앞서 살펴본 작품의 "누군가에게 가까워지면/ 가시 잔뜩 돋은 뿔로 그를 다치게 할 터이니"라는 표현에서도 알 수 있듯, 이처럼 타인에 대한 시인의 관심과 애정은 오히려 상대를 곤경에 처하게 하거나, 상처 입게 만드는 무의도적 가학성의 형태를 지니고 있음을 알 수 있다. 이른바 '사랑' 이라는 이름으로 자행되는 인간의 구속과 욕망이 오히려 상대를 다치게 할 것이라며 시인은 '가까이 다가감' 자체마저도 우려하고 있는 것이다. 우리는 다음의 작품에서도 시인이 생각하는 이러한 가학적이고도 위험한 '사랑' 의 한 단면을 엿볼 수 있다.

절정의 순간에 사랑을 잡아먹는 일이 누군들 슬프지 않으랴

가슴에 무덤을 만드는 일이
사랑으로 제 몸에 무덤을 파는 삶이
황홀하기만 하겠는가

남은 목숨을 끌고 가는 동안
제 속에서 덜그럭거리는 옛사랑을
버리지도 뱉지도 못하는 단 한번의 사랑을
한 번쯤 꺼내보고 싶지 않으랴

바람도 없는 어느 날, 애기똥풀도 다 지고 난 텅 빈 풀섶에 주저앉아
혼자서 꺼이꺼이 울고 싶지 않으랴

—「어떤 사랑」 부분

시적 화자는 애기똥풀 위에서 암사마귀가 교미 후 수사마귀를 잡아먹는 장면을 바라보며 시상을 전개해 나가고 있다. 그는 사랑과 살육이 뒤엉킨 이 장면을 두고 '어떤 사랑' 이라 이름 붙인다. 화자는 사랑을 무지개 빛깔로 채색된 황홀한 어떤 것이 아니라, 징글징글하고도 슬픈 일이라고 말한다. 시인이 보기에 사랑이 지나간 자리는 "텅 빈 풀섶" 과도 같이 공허하게 비어 있다. 시인에게 '사랑' 이란 다름 아닌 죽음을 필연적으로 전제하는, 게다가 '먹고 먹

히는' 일종의 폭력적인 관계의 등식으로 인식되어져 있다. 그러나 이러한 사랑의 장면이 시인에게 단지 잔인하게만 묘사된 것은 아니다. 잔인함 보다는 오히려 "혼자서 꺼이 꺼이 울고 싶"을 정도의 애잔한 슬픔을 시인은 읽어낸다. 사랑이란 "제 몸에 무덤을 파는 삶"이라는 시인의 감각적인 진술은 그래서 결코 가볍거나 쉽게 도출되지 않는, 심오한 성찰의 결과물인 것이다.

그러나 죽음과 희생을 전제로 하는 '사랑'이 '무덤'처럼 공허하거나 절망적이지만은 않다. "애기똥풀 위에서"의 정사는 한 생명의 죽음으로 끝나는 것이 아니라 또 다른 생명의 잉태로 이어지기 때문이다.

너를 들어내려니 가슴이 우르르 딸려 나온다

…(중략)…

발바닥 끝까지, 머리카락 끝까지 뿌리내린 너를
나, 결국은 들어내지 못하리
혼자서 그렇게 조금씩 죽어가리
어느 날 네 맨발을 공손히 받드는 한 줌 흙으로
마당이, 마당이 되리

—「통증」 부분

사랑을 곁에 끼고 사는 일이
살점을 저며 불쏘시개를 삼는 일이라는 거
저 강물을 보며 생각났다
그러나 어느 길을 걸어도 얼마나 멀리 도망가도
그 끝에 항상 네가 서 있다

—「방랑 혹은 방황」 부분

한편, 우리는 작품 곳곳에서 '사랑'에 대한 시인의 양가감정을 읽어낼 수 있다. 사랑이 사람과 사람, 대상과 대상 사이에 동등하고 평등한 등가적인 관계의 형태로 존재하는 것이 아니라, 어디까지나 사랑에도 권력관계나, 약소(弱小)관계가 엄연히 존재하기 때문이다. 이를테면 앞서 살펴본 「어떤 사랑」이라는 작품에서도 수사마귀와 암사마귀의 관계 역시 결코 동등하거나, 수평적이지 않음을 알 수 있다. 그렇기에 시인은 사랑을 간절히 희구하면서도 그 역학관계 자체는 두려워하는 것이다. 이 두려움의 원인은 가학과 피학, 두 가지 입장을 다 내포한다. 상처를 입힐지도 모른다는 두려움과 상처를 받을지도 모른다는 두려움은 따라서 그로 하여금 애당초 사랑의 '뿔'을 잘라내는 행위로 이어지거나, 상대로부터의 단절과 고립을 자처하는 행위로 이어지고 있는 것이다. "그 끝에 항상 네가 서 있다”라는 고백과도 같이 그러나 인간으로 태어난 이상, 마음 한켠에서 자라나는 사랑에 대한 욕망을 억누르는 데는 한계가 있게 마련이다. 그러나 만약 사랑의 도식관계에 서게 된다면 시인은 약자의 그것을 택하겠노라고 스스로 다짐하고 있는 것이다. 위의 시 「통증」에서 보이듯, 시인은 사랑의 강자인 ‘너’를 ‘내’ 안에서 들어내느니 차라리 “혼자서 그렇게 조금씩 죽어가”고 말겠다는 희생의지를 내비치고 있음을 알 수 있다. 그리하여 “살점을 저며 불쏘시개를 삼는 일”과 “네 맨발을 공손히 받다는 한 줌 흙”으로 “마당이 되”겠다는 시인의 이같은 의지는 수사마귀의 그것과 마찬가지로 고통과 죽음을 감수하면서까지 ‘나’ 아닌 다른 생명의 자양분이 되어 가능하게 되는 것이다. 이같은 희생을 담보로 하는 사랑은 다음 작품 「그리운 악어」에서도 그려져 있다

물보라를 일으키며 돌진하는 한 마리 두 마리 혹은 그보다 많은 누우가 악어의 입 속으로 들어간다고 해도
세상 누구도 기억하지 않을 죽음이 진행 중이다

내 사랑이 네게로 옮겨가서 나를 살리고 너를 살리듯이
그럴 리야 없지만
누우는 저렇게 악어를 살리려는 것이다

그리운 악어,

사랑을 부르듯이 속울음을 울면서

…(중략)…

악어의 몸속으로 제 몸을 옮겨가려는 것이다

—「그리운 악어」 부분

위의 작품에서 누우 떼와 악어의 관계를 하나의 사랑의 관계로 본다는 것 자체가 다소 억지스러운 측면이 없지 않아 있는 것은 사실이다. 그러나 누우 떼의 입장에서 누우 한 마리의 희생은 수많은 누우 떼를 살리는 동시에 굶주린 악어에게도 생명을 주는 일종의 희생적 사랑의 실현으로도 얼마든지 볼 수 있다. 세상이 아무리 각박하고 인심이 흉흉하다하더라도 우리는 이같은 살신성인을 체현하는 사람들이 여전히 존재하고 있음을 종종 목도하곤 한다. 그야말로 지구촌 어디에선가는 지금 이 순간에도 타인을 살리는 "세상 누구도 기억하지 않을 죽음이 진행 중"에 있는 것이다. 또한 4연의 "악어의 몸속으로 제몸을 옮겨가려는"이나, 3연의 "내 사랑이 네게로 옮겨가서 나를 살리고 너를 살리듯이"라는 표현에서 보이듯, 우리는 사랑의 전이가 생명의 발아와 순환으로 이어지고 있음을 알 수 있는데, 이는 불교에서 말하는 윤회(輪廻), 환생(還生)과도 다르지 않은 것이다.

가장 무거운 희망을 덜어내고 비로소 가벼워진 잠을 청하는 저기 저 노숙의 목숨을,

…(중략)…

저 많은 부처들을 줄 세우자, 멀리서도 알아볼 수 있도록 차례차례 세우자

—「부처를 줄 세우자」 부분

부처를 그리다 그리다
그리움만 이만큼 그려놓고 끝내 당신은 서둘러 가십니다
가져갈 것도 버릴 것도 없는
당신은 홀가분하게 훌훌 떨치고 가십니다만
잡을 수도 없고 보낼 수도 없는 남은 마음들을 어쩌라십니까

—「법주사에 비는 오시고」 부분

하늘 쪽으로 자라지 못하는 몸을

땅속으로 키워내는 지독한 식물이다
칡의 해탈은 이미 저 깊은 땅 어둠 속에서 이루어지는 중인 것을
나는 공연히 그의 팔을 잘랐구나

―「칡」 부분

이 외에도 시집의 후반부에 이르면 불교적인 색채가 작품 곳곳에 짙게 스며있음을 알 수 있다. 시인의 불가에서의 소소한 일상이나, 참선, 해탈, 부처나 불상에 대한 단상들이 미학적으로 잘 형상화 되어 있다. 임동주 시인의 경우 작품들에 불교적 세계관이 묻어나는 것은 사실이나 결코 난해하거나 현학적이지 않으며, 관념적으로 빠져들지도 않는다. 이것이 그의 시의 특징이나 장점이다. 그에 의하면 "세상 어디에도 우연은 없고/ 혼자인 것도 없"(「갈대 법문」)으며, 세상에 존재하는 "별도 꽃도 모두가 우주의 일"(「객승」)인만큼 모두가 반짝이며, 향기롭다. 이 커다란 윤회의 시공간에서 그에게 시쓰기란 어쩌면 "우주를 읽어내는" 지극히 "사소한 일"(「객승」)일지도 모른다. 그러나 그는 매일의 가벼운 일상이나, 흔하디 흔한 작은 들꽃 하나, 죽어가는 노숙인, 산길에 널린 칡덩굴에서도 부처를 발견하는가 하면, 그렇기에 작은 것 하나도 그냥 지나치지 못한다.

내 몸이면서 내가 볼 수 없는 등짝 가여워
가끔씩 뒷짐을 진다
내가 나를 업고 가는 뒷짐을
전생의 업을 지고 가는 것이라고 나무라지만
정녕 나의 업이라면 더욱 조심히 업고 가야지

천천히 걷는다
느린 뒷짐에 바람이 눕는다 물소리가 기댄다
구름 한 점이 얼른 올라탄다

―「뒷짐을 지고」 부분

그가 발길을 멈추고 들여다보는 작은 것들, 간혹 등에 업어주기까지 하는 그것들에 대한 소소한 관심, "한 자루 촛불처럼 타오르는 공손한 사랑"(「님」)이야말로, 그의 시가 지닌 가장 큰 미덕은 아닐까. 그것들이 설령 그의 등에 짐 지워진 무겁고 버거운 업이라고 해도, 뒷짐이 한편 그를 지탱해주는 힘이 되기도 한다는 것을, 하여 그의 시(詩)도 그의 뒷모습도 오늘 더 아름다운 것을.